BEI GRIN MACHT SICH IHR WISSEN BEZAHLT

- Wir veröffentlichen Ihre Hausarbeit,
  Bachelor- und Masterarbeit

- Ihr eigenes eBook und Buch -
  weltweit in allen wichtigen Shops

- Verdienen Sie an jedem Verkauf

Jetzt bei www.GRIN.com hochladen und kostenlos publizieren

Verkaufsmanagement im Gesundheits- und Fitnessbereich. Die 13 Stufen des Verkaufs, Selbstkonkordanz und Kennzahlen im Unternehmen

Dana Struchhold

Bibliografische Information der Deutschen Nationalbibliothek:

Die Deutsche Nationalbibliothek verzeichnet diese Publikation in der Deutschen Nationalbibliografie; detaillierte bibliografische Daten sind im Internet über http://dnb.d-nb.de abrufbar.

ISBN: 9783346648952
Dieses Buch ist auch als E-Book erhältlich.

Deutsche Hochschule für
Prävention und Gesundheitsmanagement
Hermann Neuberger Sportschule 3
66123 Saarbrücken

Einsendeaufgabe

Fachmodul:	Verkaufsmanagement
Studiengang:	Fitnessökonomie
Datum Präsenzphase:	18.08.2014 – 20.08.2014
Name, Vorname:	Struchhold, Dana
Studienort:	**Saarbrücken**
Semester:	**WS 2013**

Inhaltsverzeichnis

Die 13 Stufen des Verkaufs

1.1 Klassifizierung / Einordnung des Unternehmens

Tab. 1: Klassifizierung / Einordnung des Unternehmens

Name der Anlage und Standort:	Jonny M. Women Fitness Stuttgart West
	Klassifizierung / Einordnung
Anlagestruktur:	Frauen-Studio
Größe der Anlage:	< 300 qm
Preisstruktur der Anlage:	59,99 € bis 69,99 €
Beschreibung der Kernleistungen:	Verkauf einer Mitgliedschaft

1.1.1 Die 13 Stufen des Verkaufs im eigenen Unternehmen

Die 13 Stufen des Verkaufs in einem Unternehmen beginnen mit der Vorbereitung. Die Vorbereitung wird in die organisatorische und die mentale untergliedert. Zu der organisatorischen Vorbereitung zählt man an erster Stelle ein in einer passenden und angenehmen Atmosphäre eingerichtetes Beratungszimmer, in dem idealerweise alle Unterlagen und Informationen des Interessenten bereitliegen. Auch das passende Terminmanagement und der Verkauf durch einen ausgebildeten Mitarbeiter zählt man zu der Organisation. Im eigenen Betrieb bereiten sich die geschulten Berater auf die bevorstehende Beratung vor, indem in dem Terminplan geschaut wird, was als Information zu der Interessentin notiert wurde. Das beinhaltet den Namen, teilweise das Alter, die Erwartungen, die die Interessentin von einem Fitnessstudio hat in dem sie gerne trainieren möchte und ihre genannten Ziele, die sie mit dem Training erreichen möchte. Die Beratungsmappe, die unter anderem ein Beratungsbogen und ein Mitgliedschaftsformular beinhaltet, liegt bereit. Ein Beratungszimmer ist im eigenen Unternehmen nicht vorhanden, die Gespräche werden in einem vom Trainingsbereich abgegrenzten Lounge-Bereich, der mit einer Couch und Sesseln ausgestattet ist, durchgeführt. Durch die Beratung auf der Couch bzw. den Sesseln fühlen sich die Kunden in der gegebenen Atmosphäre sofort sehr wohl.

Die individuelle Beratung beinhaltet die mentale Einstellung auf das bevorstehende Beratungsgespräch. Man sollte sich vollkommen mit dem Unternehmen identifiziert fühlen, sich „der eigenen Rolle als Verkäufer" (Schlaffke, 2013, S. 16) bewusst sein, sich auf mögliche Verhandlungen einstellen und mit Motivation und Spaß in die Beratung gehen. Durch viele Schulungen und Veranstaltungen im Unternehmen fühlen sich alle Berater sehr sicher während einer Beratung und haben keine Angst vor möglichen Verhandlungen oder Einwänden. Auch durch den sehr hohen Zusammenhalt innerhalb des Teams gehen alle Berater hochmotiviert und mit Spaß in eine Beratung.

In der zweiten Stufe, der Kontaktaufnahme, ist es sehr wichtig mit Blickkontakt und einem freundlichen Lächeln auf den Interessenten zuzugehen, denn die ersten Sekunden sind entscheidend für den Aufbau einer positiven Beziehungsebene. Dies wird auch als „Überstrahlungs-Effekt" (Schlaffke, 2013, S. 17) bezeichnet, da durch den freundlichen Empfang auf den Interessenten Sympathie von seitens des Beraters ausgedrückt wird. Auch die Körperhaltung, die Mimik und die Gestik haben Einfluss auf den Vertrauensaufbau. Bei dem Empfang sollte der Berater seinen Namen und seine Rolle im Betrieb nennen, genauso wie den Namen des Interessenten. Anfangs sollte der Interessent aus Respekt gesiezt werden, jedoch kann auch geklärt werden, ob duzen für denjenigen in Ordnung ist. Im eigenen Unternehmen wird sofort auf die Kundin zugegangen, und sie wird wie folgt vom Berater mit einem Lächeln im Gesicht freundlich begrüßt:

„Hallo, mein Name ist Dana. Sie sind vermutlich Frau Müller. Ich bin heute Ihr persönlicher Berater. Gerne dürfen Sie schon Platz nehmen.
Ich wollte mir gerade etwas zu trinken holen. Darf ich Ihnen auch etwas mitbringen? Einen Latte Macchiato, Cappuccino oder ein Mineralwasser?"

Der Vertrauensaufbau, was die dritte Stufe des Verkaufs darstellt, ist entscheidend für den weiteren Gesprächsverlauf. Damit die Kundin erkennt, warum die folgende Beratung wichtig ist, sollte dies, wie es auch im Unternehmen geschieht, begründet werden.
„Damit ich Ihnen nur die Lösungen zeige, die Sie wirklich interessieren und von denen Sie wirklich profitieren und damit Sie eine wirklich gute Entscheidung treffen können, ist es mir besonders wichtig, Ihnen vorab noch ein paar Fragen zu stellen. Darf ich?"
Die Beratung sollte im Sitzen stattfinden, der Berater und die Interessentin sollten sich schräg und mit etwa 1,5 Metern Abstand gegenüber sitzen. Zur Gesprächseröffnung gibt es zwei Arten. Erstens das ausführliche Beziehungsgespräch und der direkte

Gesprächseinstieg, wobei aber eher die erste Variante, wie es im Normalfall auch im eigenen Unternehmen vorliegt, von Vorteil ist, um eine Harmonie zwischen Berater und Kunde entstehen zu lassen.

Bei dem ausführlichen Gesprächseinstieg werden im Unternehmen allgemeine und spezielle Fragen vom Berater gestellt, wie zum Beispiel *„Wie sind Sie denn auf uns aufmerksam geworden?"*

Wenn bei zweiter Frage, wie sie auf das Unternehmen aufmerksam geworden ist, die Antwort kommt, dass sie täglich daran vorbeiläuft oder vorbeifährt, wird eine Frage gestellt, die für die Interessentin unbewusst die erste Verkaufsbereitschaft aufzeigt. Die Frage des Beraters lautet: *„Also verstehe ich richtig, das Fitnessstudio liegt bei Ihnen direkt auf dem Weg nach Hause?"*

Die Interessentin kann also nur mit einem `Ja` antworten.

Themen wie die Religion oder die Politik sollten vermieden werden, da dabei oft Missverständnisse entstehen können und die Kundinnen sich auch teilweise angegriffen fühlen. Der direkte Gesprächseinstieg hingegen eignet sich gut, gerade wenn die Kundin nicht viel Zeit für eine Beratung hat. Es sollte dann ein direkter Einstieg in die Bedarfsanalyse mit Stellungnahme auf „Probleme, Wünsche und Bedürfnisse" (Schlaffke, 2013, S. 19) der Kundin erfolgen.

In dieser dritten Stufe des Verkaufs sollten auch wie im weiteren Beratungsgespräch nur kurze und klare Sätze vom Berater ausgehen, da dies sonst bei der Interessentin zu Unverständlichkeiten führen kann. Ebenso ist es wichtig auf eine positive Ausdrucksweise zu achten, da die Interessentin somit aufmerksamer in der Beratung sitzt.

Als letzten wichtigen Punkt in dem Aufbau einer persönlichen Beziehung ist der Einsatz der nonverbalen Körpersprache durch Mimik, Gestik und die Körperhaltung. Das Fachwissen des Beraters spielt während dem gesamten Gespräch nur eine Rolle von 7 Prozent für die Interessentin, vielmehr ist die Körpersprache und die Stimme von hoher Bedeutung.

Insgesamt ist das Ziel das Herstellen eines Rapports, womit das Herstellen einer gleichen Wellenlänge gemeint ist. Ist dieser Rapport erst einmal vorhanden, ist es von hoher Wahrscheinlichkeit, dass die Interessentin eine Mitgliedschaft abschließen wird. Im Unternehmen wird dies durch das sogenannte Pacing erreicht. Ein Beispiel hierzu wäre, auch etwas zu trinken, wenn die Kundin etwas trinkt.

Die vierte Stufe des Verkaufs ist die Bedarfsanalyse, welche eine wichtige Rolle für den Verkaufserfolg spielt. Die meisten Kunden kommen in ein Fitnessstudio, um sich zu informieren, jedoch mit dem Gedanken nicht direkt eine Mitgliedschaft abzuschließen. Die Aufgabe des Beraters ist es nun, alle Emotionen, Motive und den konkreten Bedarf der Interessentin herauszufinden, um ihr für ihr Problem eine Lösung anzubieten, denn jeder Mensch hat andere Bedürfnisse und andere Kaufmotive. Um dies herauszufinden, eignet sich am besten die sogenannte SPIN-Methode. Die SPIN-Methode beinhaltet Situation, Problem, Implikation und Nützlichkeit.

Nun wird im Unternehmen mit dem Ausfüllen des Beratungsbogens begonnen, jedoch nicht bevor die Interessentin den Grund dafür weiß. Darum wird folgende Frage gestellt: *„Frau Müller, damit ich Ihnen schnell die Lösungen zeigen kann, die Sie wirklich begeistern, würde ich gerne mit Ihnen gemeinsam ein paar Notizen machen. Ist das in Ordnung?"*

Nachdem das Einverständnis der Kundin gegeben wurde, wird mit der Bedarfsanalyse begonnen. Als erstes werden die Ziele herausgearbeitet. Anfangs sind offene und kurze Fragen zu stellen, um möglichst viele Informationen zu sammeln. Der Berater muss nun aktiv zuhören und Notizen machen.

Zu Beginn werden Situationsfragen gestellt, um möglichst viele Informationen über die jetzige Situation der Kundin zu bekommen. Im Unternehmen wird mit folgender erster Frage begonnen:

„War es eine spontane Entscheidung zu uns zu kommen oder überlegen Sie schon länger etwas für Ihre Gesundheit zu tun?"

In der Regel wird in diesem ersten Schritt der SPIN-Methode nur diese eine Frage gestellt. Wenn die Antwort der Kundin lautet, dass sie schon länger überlegt, etwas für ihre Gesundheit zu tun, wird eine weitere Frage gestellt, welche lautet:

„Sie haben gesagt, Sie überlegen schon etwas länger. Wie lange genau überlegen Sie schon etwas für Ihre Gesundheit zu tun?"

Als Nächstes wird übergegangen zu den Problemfragen, damit die Auslöser für die Unzufriedenheit der Kundin erkannt werden. Es wird zunächst folgende Frage gestellt:

„Welche Ziele möchten Sie zusammen mit uns erreichen?"

Wenn die Kundin nun als Antwort nennt, dass sie etwas Abnehmen und mehr Ausdauer bekommen möchte, wird dies auf dem Beratungsbogen angekreuzt. Meistens jedoch haben die Kundinnen weitere Ziele, die sie gerne erreichen möchten, ihnen jedoch nicht klar ist, dass das auch mit dem Fitnesstraining möglich ist. Durch folgende Fragetechnik werden zusätzlich zu den bewussten Bedürfnissen der Kundin auch die unbewussten Bedürfnisse herausgefunden:

„Frau Müller, vielen unseren Kunden war auch wichtig, dass sie die Möglichkeit hatten in Bereichen wie Stressabbau, mehr Beweglichkeit und Straffung Lösungen zu finden. Welche der genannten Punkte sind auch für Sie wichtig?"

In den meisten Fällen sind die Kundinnen sehr überrascht, dass auch in diesen Bereichen durch das Fitnesstraining etwas geändert werden kann. Durch den Ausdruck *vielen unseren Kunden* wird eine Falschinterpretation vermieden. Würde man direkt fragen, ob es ihr auch wichtig ist in Bereichen wie Stressabbau, mehr Beweglichkeit und Straffung etwas zu ändern, kann es passieren, dass man als Berater in ein `Fettnapf` tritt, denn oft kam es auch schon vor, dass die Kundinnen nicht abnehmen wollen und sie aber danach gefragt wurden. Durch diese Falschinterpretationen wird der aufgebaute Rapport wieder abgebaut. Auf dem Beratungsbogen im Unternehmen stehen 16 verschiedene Ziele zum Ankreuzen zur Auswahl. Die Kundinnen kreuzen nach der Bedürfnisanalyse selbst an, welche Ziele sie zusammen mit uns erreichen möchten. Durch das selbstständige Ausfüllen werden sie mit dem Stift vertraut gemacht, was für die spätere Unterschrift der Mitgliedschaft eine sehr entscheidende Rolle spielt.

Bevor die Ziele vertieft werden, werden die Prioritäten der einzelnen Ziele wie folgt festgelegt: *„Wenn Sie sofort etwas erreichen könnten, was wäre der erst und wichtigste Punkt für Sie?"* Auch hier unbedingt die Kundin selbst ihre Prioritäten festlegen und eigenhändig eintragen lassen. Im Unternehmen werden die Prioritäten der Kundin mit Zahlen von eins bis fünf festgelegt, wobei die Zahl eins die höchste Priorität hat und auch mehrmals angegeben werden darf. Die wichtigsten zwei bis drei Ziele werden im weiteren Beratungsgespräch vertieft. Das Ziel der Vertiefung ist das Herausfinden des für die Kundin wichtigsten Grund, warum sie hier ist. Dieser wichtigste Grund wird auch der „Hot Button" genannt. Sobald dieser herausgefunden wurde, wird die Kundin nicht mehr lange an einem Abschluss einer Mitgliedschaft zweifeln.

Festgehalten am obigen Beispiel wird nun folgendermaßen weiter auf das Abnehmen und die Verbesserung der Ausdauer eingegangen:

Berater:	*„Sie haben mir gesagt, dass Sie Abnehmen möchten, richtig?"*
Kundin:	*„Ja."*
Berater:	*„Vermutlich haben Sie auch eine genaue Vorstellung von Ihrer Wunschfigur, stimmt's?"*

7

„Wo genau würden Sie gerne etwas an ihrer Figur verändern?"

„Mit welchem Gewicht würden Sie sagen, dass sie sich wohlfühlen?"

„Was haben Sie schon alles unternommen, um Ihr Wunschgewicht zu erreichen?"

Zur Vertiefung der Verbesserung der Ausdauer werden folgende Fragen gestellt:

Berater:	*„Frau Müller, Sie haben ebenfalls gesagt, dass Sie ihre Ausdauer verbessern möchten, stimmt's?"*
Kundin:	*„Ja."*
Berater:	*„In welcher Alltagssituation haben Sie gemerkt, dass Sie mehr Ausdauer haben möchten?"*

Wichtig hierbei und auch im weiteren Gesprächsverlauf der Beratung ist dass die Redeanteile von 80 Prozent der Kundin und 20 Prozent des Beraters beachtet werden und der Berater sich zurückhalt.

In dem nächsten Schritt der SPIN-Methode werden durch die Implikationsfragen der Kundin erläutert, „welche Auswirkungen die Lösung auf [ihre] Situation hat" (Schlaffke, 2013 S. 26). Fragen wie *„Stellen Sie sich vor wie es in einem halben Jahr aussieht, wenn Ihre Kinder laufen können, Sie aber nicht hinterherkommen, weil Sie nicht genügend Ausdauer haben!"* oder *„Stellen Sie sich vor, wie sich ihre Blutwerte von Jahr zu Jahr verschlechtern, weil sie auch trotz ärztlicher Empfehlung nichts an ihrem Gewicht ändern!"* verbildlichen der Kundin, wie sich die jetzige Situation noch verschlimmern kann, wenn sie jetzt nichts daran ändert. Der Kundin wird nun klar, dass wir den Bedarf ihrer Bedürfnisse decken können.

Damit auch noch der Nutzen klar erkennbar wird, werden Nützlichkeitsfragen gestellt, der letzte Schritt der SPIN-Methode. Folgende Fragen lassen der Kundin den Nutzen der Lösung erkennen:

Berater:	*„Wie würde es sich für Sie anfühlen, wenn Sie in einem halben Jahr wieder ihr Lieblingskleid tragen könnten, ohne dass Sie sich dabei unwohl fühlen?"*

oder

Berater:	*„Wer außer Ihnen profitiert noch davon, wenn Sie mehr Ausdauer haben?"*

8

Kundin:	*„Meine Kinder. Wenn ich mit ihnen zusammen auf der Straße spielen kann ohne außer Atem zu kommen."*
Berater:	*„Also verstehe ich richtig, die Situation hat nicht nur Auswirkungen auf Sie, sondern auch auf Ihre Kinder?"*
Kundin:	*„Ja."*

Hierbei ist es wichtig, immer die Bestätigung von der Kundin abzuholen, um die positive Beziehungsebene aufrecht zu erhalten und damit die Kundin auch wirklich den Nutzen der Dienstleistung erkennt.

Während der gesamten Bedarfsanalyse muss eine Einwandvorbehandlung durchgeführt werden. Umso besser diese in dieser Phase geschieht, desto geringer ist es, dass die Kundin gegen Ende der Beratung einen Einwand bringt. Der Berater muss zwischen Einwand und Vorwand unterscheiden können. Vorwände sind Behauptungen von der Kundin, um aus der Situation des Verkaufs oder der Beratung zu entfliehen wie zum Beispiel: *„Ich habe keine Zeit mehr, meine Kinder müssen abgeholt werden."* Dies deutet auf einen mangelnden Vertrauensaufbau zu Beginn der Beratung hin. Einwände wie zum Beispiel: *„Ich glaube nicht, dass ich das zeitlich hinbekomme, jede Woche zu kommen."* oder *„Das ist mir zu teuer!"* werden von den Kundinnen meist gegen Ende der Beratung eingeworfen. Um dies zu vermeiden, werden folgende Fragen nach der Vertiefung der Ziele und Festlegung der Prioritäten gestellt:

- *„Wie wichtig ist es Ihnen, dass die Punkte die wir zusammen besprochen haben Wirklichkeit werden?"*

  Auch hier soll die Kundin wieder selbst ankreuzen, wie wichtig es für sie ist. Zur Auswahl stehen sehr wichtig, wichtig und unwichtig. Wird hier sehr wichtig angekreuzt, kann man als Berater sofort erkennen, dass die Kundin den Nutzen für ihr Problem erkannt hat. Wird wichtig oder unwichtig angekreuzt, weiß man als Berater, dass in der Bedarfsanalyse noch nicht alle Fragen der Kundin geklärt wurden und sie auch den Nutzen für ihr Problem noch nicht vollständig bzw. gar nicht erkannt hat und man muss mit bevorstehenden Einwänden rechnen.

- *„Wie viel Zeit können Sie pro Woche für Ihr Training einplanen?"*

- *Also Sie trainieren XY Mal bei uns, was denken Sie, wie lange Sie benötigen würden, um ihre Ziele zu erreichen?"*

- *„Wie wichtig ist es für Sie, Ihre erreichten Ziele langfristig beizubehalten?"*

Die nächste Stufe des Verkaufs ist die Angebotspräsentation. Wichtig hierbei ist der Kundin die Merkmale zu beschreiben, die Vorteile aufzuzeigen und den Nutzen der Dienstleistung zu liefern. Dies wird im Unternehmen durch eine Nutzenargumentation, am folgenden Beispiel mit dem Milon Zirkel, erlangt.

„Der Milon Zirkel garantiert ein kurzes, sicheres und effektives Ganzkörpertraining, welches mit großer Bandbreite sowohl für Anfänger als auch für Fortgeschrittene maximale Trainingsziele erzielt.

Darunter verstehen wir ein Kraft-Ausdauer-Training, das den Oberkörper, Rumpf und Beine trainiert und durch zwei Ausdauereinheiten unseren wichtigsten Muskel, das Herz, stärkt.

Und das bringt Ihnen in kürzester Zeit eine deutlich verbesserte Grundkraft und Grundlagenausdauer, genauso wie eine Aktivierung des Fettstoffwechsels.

Außerdem wird eine Unter- bzw. Überforderung vermieden, da die Geräte individuell auf Sie eingestellt werden und so sind Verletzungen ausgeschlossen.

Möchten Sie das effektive Ganzkörpertraining unter minimalem Zeitaufwand bei maximalen Trainingsergebnissen kennenlernen?"

Durch den Einsatz von rhetorischen Mitteln wird der Gesamteindruck der Kundin verstärkt und durch eine zusätzliche Sinnesaktivierung wird im eigenen Unternehmen auch die Kundin mit einbezogen, indem sie ein Gerät testet. Wenn in der Bedarfsanalyse herausgearbeitet wurde, dass sie einen verspannten Nacken hat und sich eine aufrechtere Haltung wünscht, wird mit ihr zusammen das Gerät „Rudern" eingestellt. Denn dieses Gerät ist optimal zur Verbesserung der aufrechten Haltung und zur Kräftigung der Nackenmuskulatur. Die Kundin wird nach ein paar Wiederholungen am Gerät gefragt, ob sie spürt, wie sie schon automatisch eine Aufrechte Haltung einnimmt und die Muskeln im Nackenbereich gestärkt werden.

Nach der Angebotspräsentation erfolgt die Angebots- und Bestätigungsphase, welches die sechste Stufe von den 13 Stufen des Verkaufs ist. In dieser Phase werden hauptsächlich Suggestiv- und Bestätigungsfragen angewendet und das `Ja` der Kundin ist abzuwarten, damit man als Berater feststellen kann, ob die Kundin den Nutzen des Angebots verstanden hat. Fragen wie *„Haben Sie nun gesehen wie effektiv wir hier Ihre Ziele erreichen können?"* werden auch im Unternehmen in dieser Stufe des Verkaufs eingesetzt.

In der siebten Stufe des Verkaufs geht es um die Grundsatzentscheidung, bei der das Ziel ist eine positive Grundsatzentscheidung der Kundin auf eine Frage wie *„Frau Müller, nun haben Sie erkannt, dass Sie gemeinsam mit uns Ihre Ziele erreichen können. Dann ist jetzt nicht mehr die Frage ob, sondern wann Sie zusammen mit uns ihr Training beginnen möchten, stimmt's?"* Hier bekommt man im Normalfall immer ein `Ja` von der Kundin und man kann zur nächsten Stufe des Verkaufs übergehen. Erhält man jedoch ein `Nein` der Kundin sollte nicht zum nächsten Schritt übergegangen werden, bevor man nicht die noch offenen Fragen bzw. Zweifel der Kundin geklärt sind. Hierbei wird auch direkt gefragt, was noch unklar ist.

Die nächste Stufe ist die Stufe Acht im Verkauf, auch die Stufe der Preispräsentation für die Mitgliedschaft genannt. Im Unternehmen wird mit einer überleitenden Frage zu der Preispräsentation übergegangen, welche wie folgt lauten kann: *„Mit dem guten Gefühl, das Sie nun haben, interessieren Sie vermutlich nur noch die Formalitäten, wie wir Ihre Ziele erreichen können, stimmt's?"*
Auch hier bekommt der Berater erneut ein `Ja` der Kundin. Es sollte nicht der Kundin die Wahl gelassen werden, für welche Mitgliedschaft sie sich entscheidet, sondern es sollte eine Empfehlung vom Berater ausgesprochen werden. Wie auch schon erwähnt, sind Menschen Nachmacher und richten sich nach der Mehrheit. Aus diesem Grund ist eine Formulierung wie folgende sinnvoll: *„Wie fast allen unseren Kunden empfehle ich Ihnen die beste Leistung zum günstigsten Tarif. Dieser Tarif beträgt bei einer Laufzeit von 24 Monaten nur 59,99€ monatlich. Sollen wir das auch bei Ihnen so machen?"*
Dabei wird der größte Nutzen mit dem kleinsten Preis aufgezeigt. Falls eine Kundin jedoch ausdrücklich nur eine einjährige Mitgliedschaft wünscht, wird natürlich auch diese angeboten: *„Bei einer Laufzeit von 12 Monaten beträgt der Tarif nur 69,99€ im Monat, trotzdem erhalten Sie die gleiche Leistung wie bei einer zweijährigen Mitgliedschaft. Wollen wir uns dann so einigen?"*

In der neunten Stufe geht es um das `Ja` für die Mitgliedschaft. Durch die ausgesprochene Empfehlung nimmt die Kundin diese auch meistens an. Diese Stufe fällt in der Praxis mit der Stufe der Preispräsentation zusammen. Auf die Frage des Beraters ob man sich einigen soll, dass die Kundin die beste Leistung zum günstigsten Tarif bekommt, lautet die Antwort meistens *„Ja, das ist super!"*.

Als nächstes wird der Preis für das Startpaket präsentiert. Hierbei ist es wichtig, dass die Kundin den Nutzen darin erkennt und es nicht als Aufnahmegebühr ansieht. Im Unternehmen wird wie folgt der Nutzen beschrieben: *„Wir und alle unsere Mitglieder legen großen Wert darauf, dass Sie bei uns ab der ersten Sekunde an effektiv trainieren können. Mit Personal Training und einem individuell auf Sie abgestimmten Trainingsplan wird Ihr Training noch effektiver. Dies alles beinhaltet unser Startpaket von einmalig nur 149,99€. "* Dies erscheint für die Kundinnen sehr preiswert und sie haben in der Regel auch keinen Einwand einzubringen, dass es ihnen zu teuer sei.

Die elfte Stufe ist der Vorabschluss, bei der es gilt ein `Nein` der Kundin zu verhindern. Am besten kann man das `Nein` durch die sogenannte Drei-Schritte-Strategie umgehen. Als erstes werden Übereinstimmungen aufgezählt, das in Frageformen wie *„Verstehe ich richtig, all das was wir nun gemeinsam besprochen haben passt soweit? "* erfolgen kann. Als nächstes werden noch offene Fragen geklärt. Entweder erfolgt dies durch eine direkte Frage wie *„Haben Sie noch Fragen, die geklärt werden müssen? "* oder es kommt von der Kundin ein Einwand, der dann geklärt werden muss. Einer der häufigsten Einwände im Unternehmen ist, dass die Kundin noch mit ihrem Mann darüber sprechen möchte. Darauf reagiert der Berater mit einer Einwandbehandlung wie folgt:

Kundin:	*„Ich muss das noch mit meinem Mann besprechen."*
Berater:	*„Danke, dass Sie diesen wichtigen Punkt von Ihnen aus ansprechen! Also alles was wir gemeinsam besprochen haben gefällt Ihnen so gut, dass Sie sofort mit Ihrem Training beginnen würden, wenn Sie wüssten, dass ihr Mann damit einverstanden wäre, stimmt's? "*
Kundin:	*„Genau!"*
Berater:	*„Gibt es außer dass Sie noch mit ihrem Mann sprechen wollen, irgendetwas was Sie davon abhält, gleich mit dem Training anzufangen? "*
Kundin:	*„Nein!"*
Berater:	*„Das bedeutet also, wenn Sie wüssten, dass Ihr Mann mindestens genauso überzeugt wäre wie Sie, dass Sie heute die richtige Entscheidung für sich getroffen haben, dann würden Sie direkt mit dem Training beginnen? "*
Kundin:	*„Ja!"*
Berater:	*„Was glauben Sie, könnte im schlimmsten Fall passieren, wenn Sie diese Entscheidung heute treffen und mit einem guten Gefühl nach Hause gehen, um es Ihrem Mann zu berichten? "*
Kundin:	*„Nichts!"*

Berater: *„Dann lass uns heute gemeinsam starten!"*

Wenn alle Fragen geklärt sind wird eine fortschrittsorientierte Vereinbarung getroffen. Dies geschieht im Unternehmen auch immer mit Fragen wie: *„Wenn ich Sie nun richtig verstanden habe, dann haben wir nun alles geklärt und wir können zu den Formalitäten übergehen, nicht wahr?"*

In der vorletzten Stufe des Verkaufs, dem Abschluss geht es nur darum, die Formalitäten gemeinsam mit dem Kunden auszufüllen. Die Mitgliedschaft wird vom Berater ausgefüllt und alles schrittweise mit der Kundin gemeinsam besprochen, damit nichts unklar bleibt. In manchen seltenen Fällen wollen die Kundinnen die Allgemeinen Geschäftsbedingungen durchlesen. Die Zeit dazu wird der Kundin natürlich gewährleistet. Sobald alles ausgefüllt ist wird die Kundin noch gebeten die Mitgliedschaft mit ihrer Unterschrift zu bestätigen. Erst wenn unterschrieben wurde, wird nach der Bankverbindung gefragt. Im Unternehmen wird folgendermaßen gefragt: *„Haben Sie die Bankverbindung schon dabei oder bringen Sie diese bei Ihrem ersten Trainertermin mit?"*

Der letzte Schritt der 13 Stufen des Verkaufs ist die After-Sales-Phase, welche nochmals eine wichtige Rolle für den Vertrauenserhalt spielt. In dem eigenen Unternehmen wird jeder Kundin zu der Mitgliedschaft gratuliert: *„Herzlich Willkommen bei Jonny M. Women Fitness, Frau Müller!".* Außerdem bekommt jede Neukundin eine Mappe mit dem Durchschlag der abgeschlossenen Mitgliedschaft, Kursplänen, Flyern des Fitnessstudios wie z.B. der Jonny M. Women App mit allen News und Kursplänen und gesunden Rezepten. Auch ist ein VIP Gutschein in der Mappe enthalten, auf den das Neumitglied nochmals wie folgt angesprochen wird:

Berater: *„Mit dem guten Gefühl für Sie heute die richtigen Lösungen gefunden zu haben, in wie weit wäre es schlimm, wenn wir kurz darüber nachdenken, wie viele Ihrer Freunde und Bekannten auch von uns mindestens genau so viel profitieren könnten. In wie weit wäre das schlimm?"*

Kundin: *„Nicht schlimm!"*

Berater: *„An welchen Vornamen denken Sie spontan?"*

Kundin: *„Meine Freundin Laura Beck."*

Berater: *„Warum denken Sie, dass Laura von uns profitieren könnte?"*

Kundin: *„Sie hat mir erzählt, dass sie auch etwas fitter werden möchte."*

Berater:	*„Also sind Sie sicher, dass Laura richtig froh wäre, wenn sie Lösungen kennen lernen würde, wie sie fitter werden könnte, stimmt's?"*
Kundin:	*„Ja!"*
Berater:	*„Bevor wir gleich zur Nummer kommen, hätte ich noch eine Bitte! Sagen Sie ihr bitte Bescheid, dass ich mich bei ihr melde, weil vermutlich mögen Sie es auch nicht, wenn jemand Fremdes bei Ihnen anruft, stimmt's?"*
Kundin:	*„Ja."*
Berater:	*„Wann sprechen Sie das nächste Mal mit Laura, vielleicht heute Abend schon?"*
Kundin:	*„Ich sehe sie morgen Nachmittag zum Kaffee."*
Berater:	*„Super! Welche Handynummer darf ich mir notieren? 0157...*
Kundin:	*„Ja, die 0157..."*
Berater:	*„Dann sagen Sie Laura, dass ich mich in drei Tagen bei ihr melde. Gibt es sonst noch jemand, für den das interessant sein könnte?"*

Nachdem auch die Empfehlung gesammelt wurde, wird noch gemeinsam mit der Kundin ihr erster Trainingstermin vereinbart, sie nochmals gefragt ob sie weitere Fragen hat und falls nicht wird sie freundlich verabschiedet: *„Kommen Sie gut nach Hause Frau Müller. Ich freue mich schon auf übermorgen, wenn Sie zu ihrem ersten Training kommen!"*

Der Link zu dem eigenen Unternehmen ist folgender:

http://jonny-m-women.de/club-stuttgart-west/

1.1.2 Negative Formulierungen im Verkaufsgespräch

Tab. 2: Negative Formulierungen im Verkaufsgespräch

Negative Formulierungen	Positive Formulierungen
Aber Sie haben doch gesagt…	Gerade deshalb…
Eigentlich geht das nicht.	Grundsätzlich schon.
Das weiß ich nicht.	Dafür ist XY zuständig.
Das haben Sie falsch verstanden.	Verstehen Sie mich richtig…
Das Ziel ist nicht unrealistisch.	Das Ziel ist gut möglich zu erreichen.
Dann fehlt nur noch die Unterschrift.	Nun fehlt nur noch ihre Bestätigung.
Sie haben doch gesagt, dass…	Ich habe Sie so verstanden, dass…
Wie war nochmal Ihr Name?	Wie darf ich Sie ansprechen?
Wollen Sie das Startpaket in Bar bezahlen?	Wie möchten Sie das Startpaket entrichten? In Bar?
Ich komme gleich wieder.	Ich bin sofort wieder bei Ihnen.

In einem Beratungs- bzw. Verkaufsgespräch ist es sehr wichtig positive Formulierungen einzubringen, denn dies „wirkt sich stark auf den Gesamteindruck aus, den der Kunde vom Verkäufer und vom Angebot erhält" (Schlaffke, 2013, S.30). Die positiven Formulierungen sind auch für die positive Beziehungsebene sehr wichtig, denn würde man nur mit negativen Formulierungen argumentieren, wiederspiegelt sich das auch im Gespräch und es ist schwer den Kunden von seiner Dienstleistung zu überzeugen, damit dieser auch den Nutzen des Produktes erkennt. Denn gerade in der Dienstleistungsbranche in Fitness-studios ist das gesprochene Wort sehr wichtig, denn das Produkt, das vom Kunden erworben werden soll ich immateriell, nicht greifbar und nicht lagerfähig und dadurch schwerer zu verkaufen als zum Beispiel ein paar Hanteln in einem Fitnessfachgeschäft.

2 Selbstkonkordanz

2.1 Konzept der Selbstkonkordanz

Menschen haben Spaß an einer Sache, wenn sie motiviert sind. Auch in der Fitness- und Gesundheitsbranche spielt die Motivation nicht nur für die Mitarbeiter, sondern auch für die Kunden eine entscheidende Rolle. Es gibt zwei Arten von Motivation, erstens die intrinsische Motivation und zweitens die extrinsische Motivation. Bei der intrinsischen Motivation handelt es sich um eine von innen heraus kommende Motivation. Die intrinsische Motivation dagegen kommt die Motivation „durch äußere Gegebenheiten oder Anreize" (Schlaffke, 2013, S.44) zustande. „Ein Wechselspiel von intrinsischer und extrinsischer Motivation kann im Konstrukt der Selbstkonkordanz zusammengefasst werden" (Schlaffke, 2013, S.44). Man unterscheidet im Konstrukt der Selbstkonkordanz zwischen vier verschiedenen Modi. Der externale und der introjizierte Modus werden durch äußere Reize veranlasst. Ein Beispiel für den externalen Modus ist, dass eine Person sich dafür entscheidet, Sport zu treiben, weil sie von der Krankenkasse einen Teil des Mitgliedsbeitrages zurückerstattet bekommt. Ähnlich ist es bei dem introjizierten Modus, bei dem eine Person aufgrund eines ärztlichen Rates dazu entscheidet Sport zu treiben, jedoch wurde in diesem Modus von der Person schon teilweise erkannt, dass es eine gute Entscheidung ist, etwas für die Gesundheit zu tun. Die Ausprägung der Selbstkonkordanz ist in diesen beiden Modi niedrig.

Der identifizierte und der intrinsische Modus hingegen haben eine hohe Ausprägung der Selbstkonkordanz, denn sie werden durch innere Reize veranlasst. Als Beispiel für den identifizierten Modus kann man das Sporttreiben nennen, das die Person vollzieht, da sich die Person selbst überzeugt hat etwas Gutes für ihre Gesundheit zu tun. Der vierte und letzte Modus ist der intrinsische Modus. Die Person hat selbst den Willen aufgebracht, Sport zu treiben, da sie weiß, dass sie Spaß daran hat und sich somit auch wohler fühlt.

2.2 Untersuchung der Modi der Selbstkonkordanz

Da das Unternehmen ein Frauen Fitnessstudio ist, wurden 20 weibliche Personen befragt, aus welchen Gründen sie etwas für ihre Gesundheit tun. Die Antworten der 20 weiblichen Personen im Alter zwischen 18 und 56 Jahren waren folgende:

- Weil es ihr Arzt gesagt hat → introjizierter Modus
- Weil sie sich fit halten möchte → identifizierter Modus
- Weil sie abnehmen möchte → identifizierter Modus
- Weil ihr Partner es gesagt hat → introjizierter Modus
- Weil sie sich mit Sport wohler fühlt → intrinsischer Modus
- Weil sie abnehmen und sich besser fühlen möchte → identifizierter Modus
- Weil ihre Freundin auch im gleichen Studio trainiert → introjizierter Modus
- Weil Freundinnen gesagt haben, dass sie abnehmen soll → introjizierter Modus
- Weil sie schon immer gerne Sport macht → intrinsischer Modus
- Weil sie einen Ausgleich zur Arbeit braucht → introjizierter Modus
- Weil sie sich fit halten möchte → introjizierter Modus
- Weil sie bald heiratet und abnehmen möchte → introjizierter Modus
- Weil ihr Arzt ihr es geraten hat → introjizierter Modus
- Weil sie Muskulatur aufbauen möchte → identifizierter Modus
- Weil sie sich fit halten möchte → identifizierter Modus
- Weil ihre Mutter auch im gleichen Studio trainiert → introjizierter Modus
- Weil sie Spaß am Sport hat → intrinsischer Modus
- Weil sie beweglich und fit bleiben möchte → identifizierter Modus
- Weil sie sich aufgrund der Firmenkooperation angemeldet hat → externaler Modus
- Weil sie ihr Wohlbefinden verbessern möchte → identifizierter Modus

In der folgenden Grafik wird die quantitative Verteilung der vier Modi der Selbstkonkordanz dargestellt. Die Zahlen gehen aus der obigen Befragung der 20 weiblichen Mitglieder hervor.

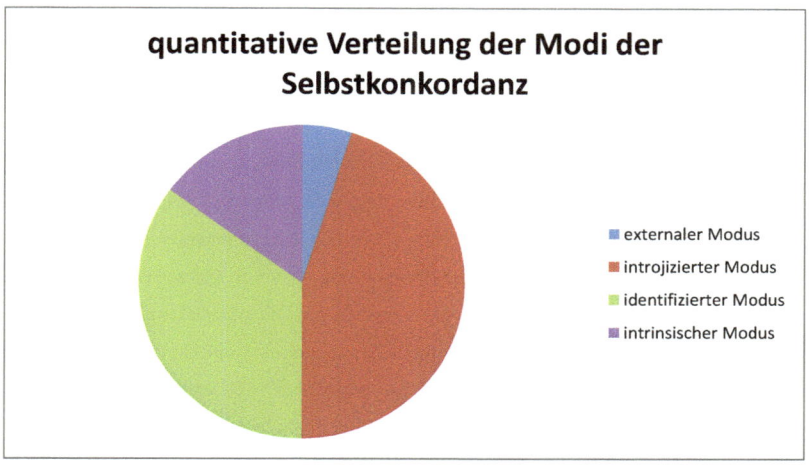

Abb. 1: Quantitative Verteilung der vier Modi der Selbstkonkordanz

Aus der Verteilung der Angaben der befragten Frauen lässt sich erkennen, dass die Mehrheit Sport treibt, um sich fit zu halten bzw. abzunehmen, sie sich also in dem identifizierten Modus befinden. Die Gewichtung der Personen im introjizierten Modus liegt etwa gleich wie bei den Personen im identifizierten Modus. Viele treiben Sport, da Verwandte oder Bekannte ebenfalls im gleichen Studio trainieren bzw. sie einen ärztlichen Rat bekommen haben. Vor allem die älteren Frauen sind aufgrund des ärztlichen Rates Mitglied in einem Fitnessstudio. Die Minderheit der befragten Personen befindet sich in dem intrinsischen Modus. Nur die wenigsten werden Mitglied in einem Fitnessstudio und sich wirklich im Klaren darüber sind wie gut der Sport für ihre Gesundheit ist, vor allem präventiv gesehen. Nur eine der befragten 20 Frauen befindet sich im externalen Zustand, denn sie bekommt die Mitgliedschaft zu einem günstigeren Tarif, da mit dem Unternehmen in dem sie arbeitet, eine Kooperation vorhanden ist. Die wenigsten werden jedoch ausschließlich Mitglied weil sie zum Beispiel eine Rückerstattung von der Krankenkasse bekommen.

Insgesamt lässt sich sagen, dass der Abschluss einer Mitgliedschaft in einem Fitnessstudio größtenteils von äußeren Reizen und Faktoren bestimmt wird. Nur in den wenigsten Fällen haben die Personen selbst den Willen Sport zu treiben, weil es Spaß macht oder die Gesundheit fördert.

2.3   Strategien zur Überführung in verschiedene Modi

2.3.1   Von dem externalen in den introjizierten Modus

Eine Strategie um eine Person von dem externalen in den introjizierten Modus überzuführen wäre, dass sie mit einem Trainer bei dem ersten Trainingstermin ein Gesundheitsfragebogen ausfüllt. Wenn die Person angibt, dass sie Bluthochdruck hat oder aber auch Verspannungen im Nackenbereich, die dann oft auch zu Kopfschmerzen führen, ist es die Aufgabe des Trainers der Kundin zu erklären, welche positiven Effekte das Sporttreiben auf ihre Gesundheit hat. Jeder Trainer sollte wissen, dass sich vor allem auch das Krafttraining positiv auf die Senkung des Bluthochdrucks auswirkt und durch Kräftigung der Muskulatur im Nackenbereich die Verspannungen lösen. Die Person verinnerlicht somit das, was der Trainer ihr rät, doch noch immer sind es keine eigenen Beweggründe der Person, die sie veranlasst, Sport zu treiben.

2.3.2   Von dem introjizierten in den identifizierten Modus

Eine Strategie um eine Person von dem introjizierten in den identifizierten Modus überzuführen wäre, dass die Person sich in einem Fitnessstudio anmeldet, weil ihr Partner gesagt hat, dass sie einen Ausgleich zu dem stressigen Alltag benötigt. Aus Liebe zu ihrem Partner meldet sie sich auch an und erkennt dann nach dem ersten Training, dass sie sich nach dem Training viel fitter und ausgeglichener fühlt als sonst. Die Person hat aus einer Motivation, die in diesem Fall von dem Partner aus gegangen ist, eine innerliche Motivation entwickelt, denn sie hat festgestellt, dass der Partner mit seiner Aufforderung, dass sie sich in einem Fitnessstudio anmelden soll, um von dem stressigen Alltag abzuschalten, nicht unrecht hatte. Sie steht nun im Einklang mit der Entscheidung ihres Partners und der eigenen Einsicht, dass sie sich, ihrer eigenen Gesundheit und ihrem eigenen Wohlbefinden damit etwas Gutes getan hat.

2.3.3   Von dem identifizierten in den intrinsischen Modus

Eine letzte Strategie, wie eine Person von dem identifizierten in den intrinsischen Modus überzuführen wäre, dass sie nun erst mal in einem Einklang mit ihrem eigenen Willen, Sport zu treiben und dem äußeren Einfluss wie zum Beispiel dem Rat des Freundes steht. Wenn die Person aber nach einigen Wochen spürt, was der Sport für sie bewirkt, wie zum Beispiel, dass sie Gewicht verliert, sich wieder wohler in ihrem Körper fühlt und sich auch jedes Mal auf ihr Training freut, ist diese Person in den intrinsischen Modus übergegangen. Sie hat für sich selbst erkannt, dass ihr der Sport gut tut und ihr Wohlbefinden fördert.

3 Kennzahlen in einem Unternehmen

3.1 Formeln zur Berechnung der Kennzahlen

3.1.1 Telefonquote

$$\frac{Anzahl\ der\ vereinbarten\ Beratungstermine}{Anzahl\ Interessentenanrufe} \times 100$$

3.1.2 Termineinhaltungsquote

$$\frac{Anzahl\ der\ erschienenen\ Beratungstermine}{Anzahl\ der\ vereinbarten\ Beratungstermine} \times 100$$

3.1.3 Abschlussquote

$$\frac{Anzahl\ der\ abgeschlossenen\ Mitgliedschaften}{Anzahl\ der\ durchgeführten\ Beratungen} \times 100$$

3.1.4 Fluktuationsquote

$$\frac{Anzahl\ der\ Abgänge}{Durchschnittlicher\ Mitgliederbestand} \times 100$$

3.2 Berechnung der Kennzahlen der letzten drei Monate

3.2.1 Telefonquote im Jonny M. Women Fitness

$$Mai\ 2014: \quad \frac{132}{145} \times 100 = 91,03\%$$

$$Juni\ 2014: \quad \frac{76}{83} \times 100 = 91,56\%$$

$$Juli\ 2014: \quad \frac{62}{69} \times 100 = 89,85\%$$

3.2.2 Termineinhaltungsquote im Jonny M. Women Fitness

$$Mai\ 2014: \quad \frac{69}{132} \times 100 = 52,27\%$$

$$Juni\ 2014: \quad \frac{44}{76} \times 100 = 57,89\%$$

$$Juli\ 2014: \quad \frac{32}{62} \times 100 = 51,61\%$$

3.2.3 Abschlussquote im Jonny M. Women Fitness

$$Mai\ 2014: \quad \frac{56}{69} \times 100 = 81,16\%$$

$$Juni\ 2014: \quad \frac{36}{44} \times 100 = 81,82\%$$

$$Juli\ 2014: \quad \frac{28}{32} \times 100 = 87,5\%$$

3.2.4   Grafische Darstellung der Kennzahlen

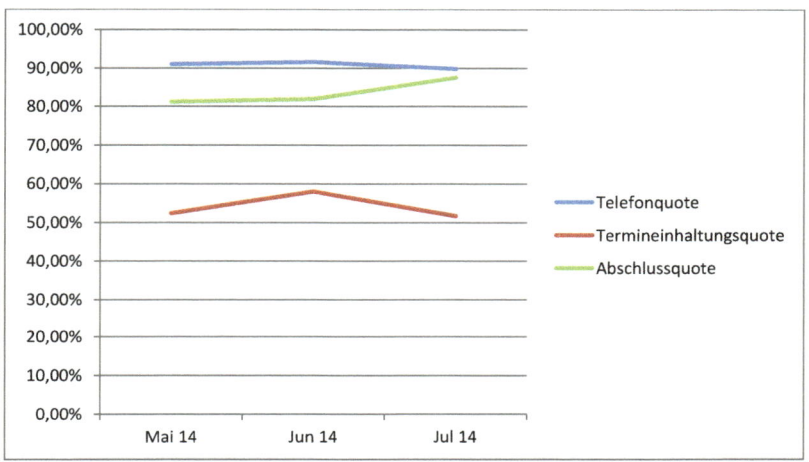

Abb. 2: Kennzahlen von Mai 2014 bis Juli 2014

Durch die grafische Darstellung wird die Entwicklung der Telefon, der Termineinhal-
tungs- und der Abschlussquote der letzten drei Monate im Jonny M. Women Fitness über-
sichtlicher.

Die Telefonquote hat prozentual kaum eine Ab- oder Zunahme in dem Verlauf der letzten
drei Monate. Insgesamt waren im Mai mehr als doppelt so viel Call-Ins als im Juli, jedoch
konnte die Terminierung prozentual auf etwa 90 Prozent gehalten werden.

Die Termineinhaltungsquote hält sich auch relativ konstant auf etwa durchschnittlich 54
Prozent, jedoch haben die vereinbarten Beratungstermine von Mai bis Juli auch über die
Hälfte abgenommen. Von den vereinbarten Terminen sind mehr als die Hälfte der Beratungen erschienen. Man muss immer damit rechnen, dass man zwei Termine vereinbart,
aber im Durchschnitt nur einer erscheint. Darum wird im Unternehmen auch eine hohe
Anzahl an Terminen jeden Monat vereinbart. Der leichte Anstieg im Juni an den einge-
haltenen Terminen liegt an der Aktion, die im Unternehmen parallel zu der Fußball Weltmeisterschaft stattgefunden hat. Es gab eine Aktion, dass zwei zum Preis von einem trainieren durften. Aktionen sind oft auch immer ein Grund dafür, dass mehr Termine zu der
Beratung erscheinen.

Die Abnahme sowohl der Anrufe und auch der Beratungen ist auf die Sommermonate zurückzuführen. Vor allem in den Monaten von Juni bis Ende August ist die Anzahl der Interessenten gegenüber den Wintermonaten deutlich geringer. Der Verlauf der Abschlussquote liegt in den drei Monaten im Durchschnitt bei etwa 83 Prozent. Wie schon erwähnt hatten wir in der Zeit der Weltmeisterschaft eine Aktion. Dadurch auch der Anstieg der Abschlussqoute im Juli. Viele der Beratungen Ende Juni haben teilweise noch einen Termin für ein Testtraining für Anfang Juli vereinbart. Durch die Begeisterung, der Kundinnen, als sie auch gefühlt haben, wie effektiv sie ihre Ziele erreichen können, haben sie mit einer Freundin zusammen eine Mitgliedschaft abgeschlossen. Somit konnten die Berater im Unternehmen eine höhere Abschlussquote als in den Vormonaten erreichen.

3.3 Fluktuationsquote des letzten Geschäftsjahres

$$Fluktuationsquote\ 01.08.2013\ bis\ 31.07.2014: \frac{63}{470} \times 100 = 13,40\%$$

Die Fluktuationsquote liegt im letzten Geschäftsjahr bei 13,40%. Wenn die Fluktuationsquote sich nun um 5 Prozentpunkte senkt, ergibt das folgenden Mehrumsatz für das Unternehmen:

$$13\% - 5\% = 8\%$$

Im Durchschnitt kostet eine Mitgliedschaft 64,99€. Wenn man diesen Betrag auf ein Jahr berechnet kommt man auf einen Jahresbeitrag von 779,88€ pro Mitglied.

Das Unternehmen hat im Durchschnitt ein Mitgliederbestand von 470 Frauen.

Insgesamt auf das Jahr berechnet hat das Unternehmen ein Bruttoeinkommen von 779,88€ $\times$ 470 $Mitglieder$ = 366.543,60€.

Als nächstes wird berechnet, wie viele zusätzliche Mitglieder das Unternehmen bei einer Senkung der Fluktuationsquote von 5 Prozentpunkten hat:

$$\frac{63\ Mitglieder}{100} \times 5 = 3,15\ Mitglieder$$

Das Unternehmen hat also drei Mitglieder mehr, wenn die Fluktuationsquote um 5 Prozentpunkte gesenkt wird. Diese drei Mitglieder bringen dem Unternehmen ein jährliches Bruttoeinkommen von $5 \times 779{,}88€ = 3.899{,}40€$.

Umgerechnet auf den Mehrumsatz des Unternehmen in Netto, also abzüglich der 19% Mehrwertsteuer, wären das jährlich:

$$\frac{3.899{,}40€}{100} \times 19 = 740{,}89€$$

Somit hätte das Unternehmen bei einer Senkung der Fluktuationsquote um 5 Prozentpunkte einen Mehrumsatz von 740,89€ netto jährlich.

4   Literaturverzeichnis

Schlaffke, W & Plünnecke, A. (2013). *Studienbrief Verkaufsmanagement*. Unveröffentlichte Studienmaterialien. Saarbrücken: Deutsche Hochschule für Prävention und Gesundheitsmanagement.

5 Abbildungs- und Tabellenverzeichnis

5.1 Abbildungsverzeichnis

5.2 Tabellenverzeichnis